U0629187

蓝色科技
研学实践活动教程

主　编◆慕艳忠

副主编◆王　轶　韩巍巍　何　军　刘政超

黑龙江大学出版社
HEILONGJIANG UNIVERSITY PRESS
哈尔滨

图书在版编目（CIP）数据

蓝色科技研学实践活动教程 / 慕艳忠主编 . -- 哈尔
滨 : 黑龙江大学出版社，2024.5
ISBN 978-7-5686-1146-6

Ⅰ . ①蓝… Ⅱ . ①慕… Ⅲ . ①科学知识－中小学－教
材 Ⅳ . ① G634.71

中国国家版本馆 CIP 数据核字（2024）第 107941 号

蓝色科技研学实践活动教程
LANSE KEJI YANXUE SHIJIAN HUODONG JIAOCHENG
慕艳忠 主编 王 轶 韩巍巍 何 军 刘政超 副主编

责任编辑 杨琳琳 徐晓华
出版发行 黑龙江大学出版社
地 址 哈尔滨市南岗区学府三道街 36 号
印 刷 天津创先河普业印刷有限公司
开 本 880 毫米 ×1230 毫米 1/16
印 张 4.75
字 数 60 千
版 次 2024 年 5 月第 1 版
印 次 2024 年 5 月第 1 次印刷
书 号 ISBN 978-7-5686-1146-6
定 价 21.80 元

本书如有印装错误请与本社联系更换，联系电话：0451-86608666。

编委会成员

主　编：慕艳忠

副主编：王　轶　韩巍巍　何　军　刘政超

编　委（按姓氏笔画排列）：

马铭阳　马琳艳　王士熙　李子健

李春华　李继珍　杨清华　沈利红

张海涛　张继伟　赵　卉　宫万绪

郭新华　常永吉

前　言

　　党的二十大报告强调："教育、科技、人才是全面建设社会主义现代化国家的基础性、战略性支撑"，要"深入实施科教兴国战略、人才强国战略、创新驱动发展战略"，"加快建设教育强国、科技强国、人才强国"。[1]

　　少年兴则科技兴，少年强则国家强。本书紧紧围绕发展学生核心素养、辐射省域的"蓝色科技"研学课程，强化学科关联，突出主题特色，让学生直接、立体、多维地接触现代科技，注重提升学生实践能力，培养学生创新创造的科学素养。通过人工智能、创客教育、极地海洋探秘、航空航天体验等内容加强省情、市情教育，综合发展学生的理解能力、创新能力、实践能力，提高学生的科学素养，让学生在动手实践中体验高科技劳动形式、劳动业态，增强学生的创新意识，培养学生科技自强和科技报国意识，增强"四个自信"，培养龙江经济社会发展需要的落地型、实用型人才。

　　随着研学实践教育的不断发展，本书的内容在使用过程中可能会出现一些新的问题与不足，我们会不断研究，在了解学生使用和实践情况的基础上积极地改进，敬请有关专家学者给我们提出宝贵的意见与建议。由于参加编写人员水平有限，编写时间仓促，书中难免有错漏之处，也恳请广大师生批评指正。在本书的编写过程中我们参考和借鉴了一些其他图书及网站的内容与资料，引用了一些专家、学者的研究成果，在这里一并表示感谢。

目　录

第一章　科技魅力

纸上得来终觉浅，绝知此事要躬行。为了开阔同学们的视野，本章我们将带领同学们感受哈尔滨工业大学（简称"哈工大"）的深厚文化底蕴、学术氛围和校园生活，激发自身的笃定求学、热爱科学和勇敢追求科学的精神，树立远大的理想，全面提升综合素质。

资料链接

哈尔滨工业大学

学校始建于 1920 年，1951 年被确定为全国学习国外高等教育办学模式的两所样板大学之一，1954 年进入国家首批重点建设的 6 所高校行列，被誉为"工程师的摇篮"。学校于 1996 年进入国家"211 工程"首批重点建设高校，1999 年被确定为国家首批"985 工程"重点建设的 9 所大学之一，2000 年与同根同源的哈尔滨建筑大学合并组建新的哈工大，2017 年入选"双一流"建设 A 类高校名单。2022 年 8 个学科入选新一轮"双一流"建设名单。

学校坚持与国家重大战略同频共振，形成了"立足航天、服务国防、长于工程"的优势特色，创立了中国高校第一个航天学院，发射了中国第一颗由高校牵头自主研制的小卫星，在中国首次实现了星地激光链路通信，诞生了中国第一台会下棋能说话的计算机、第一部新体制雷达、第一台弧焊机器人和点焊机器人、第一颗由高校学子自主设计研制管控的纳卫星，突破了世界最大口径射电望远镜的支撑结构系统关键技术，支持中国"天眼"成功"开眼"。研制成功的空间机械手在"天宫二号"上实现了国际首次人机协同在轨维修科学试验；研制成功的新一代磁聚焦型霍尔电推力器在国际上首次实现空间应用；在国际上首次实现了形状记忆聚合物太阳能电池结构的在轨可控展开；成功发射的"龙江二号"成为全球首个独立完成地月转移、近月制动、环月飞行的微卫星；多项技术成果支持"嫦娥五号"完成我国首次地外天体采样返回任务；主持参研的火星车移动系统、转移坡道机构助力"祝融号"实现火星表面巡视探测；联合研制的小机械臂以单臂/组合臂的方式持续助力航天员出舱作业、完成全部既定任务；成功发射的"龙江三号"成为我国首颗平板式新体制低轨宽带通信卫星；成功完成严重事故下"华龙一号"安全壳结构性能试验，填补了国际试验空白；首次解析 T 细胞受体-共受体复合物结构，成为国际细胞适应性免疫研究领域的里程碑；牵头建设的东北地区首个国家大科学工程"空间环境地面模拟装置"进入试运行阶段，诸多指标达世界领先水平；参与了探月工程等 14 个国家重大科技专项。荣获 2018 年度国家最高科学技术奖，10 年累计有 9 项成果入选"中国高等学校十大科技进展"，独立完成成果数量居全国高校第一，数百项成果助力中国航天 67 载，曾获"中国载人航天工程突出贡献集体奖"等多个奖项。[2]

第一节　航天梦　中国梦

▌学习目标

1. 对哈尔滨工业大学航天馆进行现场参观，对航天事业有更深入的了解。

2. 参观航天器展区、发动机展区、导弹展区、火箭展区，了解有关人造地球卫星、发动机、导弹、火箭等航天科普知识，感受哈尔滨工业大学与航天结缘以来为祖国航天事业奋斗的艰苦历程和取得的辉煌成就。

▌资料链接

哈尔滨工业大学航天学院

1987 年 6 月，经国家航天工业部批准，哈尔滨工业大学组建了我国第一个以培养高级航天专门人才和从事航天高技术研究为主的学院——航天学院。30 余年来，航天学院几代师生不懈努力，万余名毕业生投身中国航天事业主战场。

学院以对接国家重大需求为方向，以发展关键技术为推动，科学研究与技术储备相结合，主动承担高精尖项目，全面服务于探月工程、载人航天工程、高分对地观测等国家重大科技专项工程，形成了鲜明特色和独特优势，在微小卫星、激光通信、复合材料、控制理论等领域享有盛誉，成为推动中国航天事业进步的重要力量。建有国家级重点实验室 2 个、国家地方联合工程实验室（研究中心）2 个、国际联合研究中心 1 个、省部级重点实验室 8 个。作为核心单位参与宇航科学与技术"2011"协同创新中心和国家重大科技基础设施"空间环境地面模拟装置"建设。近 5 年共获得国家级科技奖励 6 项、省部级科技奖励 30 项，承担国家级、省部级纵向科研项目 1 000 余项，航天科研生产单位横向项目 1 500 余项，累计科研经费超过 25 亿元。

学院与中国航天科技集团、中国航天科工集团各研究院所建立了紧密的合作关系，联合创建了我国首批航天新专业，建立了学生联合培养和实习基地，聘请了孙家栋、王永志等几十位著名航天专家为兼职教授。[3]

▶▶思考与讨论

1. 如何将中国航天人的精神融入日常的学习生活中？

2. 探索航天建设在国防中的应用及其意义。

3. 谈一谈科技创新对国家进步发展的重要意义。

▶▶探究与实践

活动一：参观"祖国以光"见学长廊

参观哈尔滨工业大学校园内的"祖国以光"见学长廊，学习哈工大老一辈人的"八百壮士"精神，扎根东北，爱国奉献。通过此次的参观，同学们能够重点了解马祖光院士坚持不懈、把毕生精力献给祖国国防科技事业的光辉事迹。追寻先辈的光辉足迹，探求宝贵的精神财富，领悟并弘扬哈工大精神。

活动二：参观航天馆

哈工大航天馆包括六个展厅："中国航天事业发展""哈工大与中国航天""世界航天科技进展""神秘的宇宙"四个主题展厅，以及"发动机专题""导弹专题"两个专题展厅。百余件展品重点展示了中国航天事业的伟大成就和哈工大始终与中国航天事业同频共振的风雨历程。同学们

图1-1 卫星模型

通过参观，可以增进对航天知识的了解，提高对航天精神的向往程度，从而埋下航天梦的种子。

活动三：观摩航天飞行器模型

同学们通过观摩航天飞行器模型，了解每个模型所代表的飞行器

的名字、背景、功能、研究现状等，领悟哈工大在国家科研领域的重要贡献和对社会发展的重要意义。在动手实践制作航天飞行器模型的过程中，融入所涉及的学科知识，培养创新意识，提升核心素养。

图1-2　祝融号火星车模型

活动四：聆听航天类科普讲座

同学们通过聆听"我们的征途是浩瀚星空"讲座，学习航天知识，树立科学思想，培养航天精神，并且认识到，正是我国这些奋斗在航天事业的顶尖科学家，用他们坚持不懈、不畏艰险的拼搏与奉献，成就了我国现在的繁荣。作为新时代的青少年，同学们要提升责任感、使命感，立志奋发图强，为航天事业贡献一份力量！

▶▶感悟与评价

一、感悟

中国航天英雄，驭空间站遨游太空。正如我国航天员王亚平所说，只要敢于有梦、勇于追梦，"用智慧和汗水打造自己的梦想飞船，就一定能够迎来自己梦想的发射时刻，飞向属于你的浩瀚星空"[4]。

二、评价

根据自己的表现，在下面表格中相应的位置上画"☆"（很好：

☆☆☆，好：☆☆，还需努力：☆），并邀请教师对研学表现及研学成果进行评价。

研 学 表 现			研 学 成 果	
认真聆听 遵从指挥	活动过程 积极参与	团队协作 默契高效	讲述航天故事 掌握航天知识情况	演绎航天历程 理解航天成果艰辛
教师评语				

知|识|延|伸

航天传统精神：

　　　　自力更生、艰苦奋斗、

　　　　　大力协同、无私奉献、

　　　　　　严谨务实、勇于攀登。

载人航天精神：

　　　　特别能吃苦、特别能战斗、

　　　　　特别能攻关、特别能奉献。[5]

第二节 筑梦科技 探秘机器人

学习目标

1. 通过主动参与、动手实践，培养动手搭建能力、想象力和创造力。在项目学习过程中培养发现问题、提出问题、分析问题、解决问题以及团队协作等各方面的能力。

2. 培养科学合理地规划学习、生活和实践的能力，同时培养参与、竞争、实践的意识，提高核心素养。

3. 在研究中心沉浸式学习，加强理工学科启蒙，激发名校梦，看见未来的自己。

资料链接

哈尔滨工业大学机器人技术与系统国家重点实验室

哈工大机器人技术与系统国家重点实验室的前身是哈尔滨工业大学机器人研究所。该研究所始建于 1986 年，是我国最早开展机器人技术研究的单位之一。实验室依托机械工程、控制科学与工程、计算机科学与技术、电气工程等一级学科组建，于 2007 年开始建设，2007 年 8 月通过可行性论证，2010 年 7 月通过建设验收，2013 年通过首次评估，2018 年通过第二次评估，获评优秀。

实验室始终坚持立足航天、服务国防、面向经济主战场，凸显航天、国防特色和军民融合发展理念，开展战略性、前沿性、原创性的先进机器人基础研究、应用基础研究。结合机器人技术与系统的发展趋势和实验室的优势特色，形成了多学科交叉融合、富有特色的 4 个研究方向：机器人设计方法与共性技术、

图 1-3　哈工大学生创办的公司产品①

机器人智能感知与行为控制、机器人人机交互与和谐共融、机器人系统创新集成。多年来，实验室聚焦机器人的机构、感知、自主、交互及集成等科学问题和核心关键技术，取得了一批机器人标志性重大科技成果，并将成果应用于我国载人航天与探月工程、深空探测与在轨服务等国家重大科技任务，成为我国航天、国防、军工领域发展的重要科技力量。[6]

▶▶思考与讨论

1. 你还想开拓机器人的哪些领域？

2. 机器人能够进行哪些工作？

3. 机器人什么方面让人类惧怕？

---

① 2015 年，冷晓琨和同学一起创办了公司，并入驻哈工大大学生创新创业园。Aelos 是冷晓琨团队 2016 年研制出的一款主打娱乐陪伴功能的智能人形机器人。它具有灵动的身体，而且拥有智慧的"大脑"。

▶▶探究 与 实践

活动一：参观哈工大机器人实践基地

同学们到哈工大机器人实践基地——工程创新实践中心体验，有序参观智慧社区、智慧家居、智慧医院、3D打印、虚拟仿真设备等，与机器人近距离互动，了解机器人在各个领域的应用，如会下棋的机器人、可以搬运货物爬楼梯的机器人、会侦察排爆的机器人，拉近与机器人的距离，体验未来科技的智慧生活。通过参观制造技术基础训练部、数字制造技术训练部、电工电子技术训练部、智能技术训练部和创新

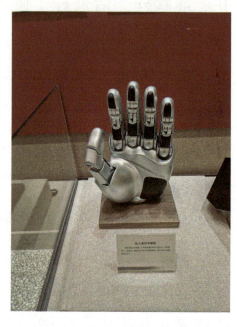

图1-4 仿人灵巧手模型

创业实践训练部等，了解先进的创新实践设备，开阔视野，激发想象力，培养兴趣，树立自己的人生目标。

活动二：体验人工智能

同学们分组合作，动手操作人工智能设备，在实践中深入体会人工智能的先进性，学习机械知识、编程知识，加强团队协作精神。学生自由发挥创意，尝试科学DIY组装，培养科技创新意识。

▶感悟与评价

一、感悟

通过实践活动，感受到了科技给人类带来的很多便利，体会到了智能机器人的先进性、智能性，对人工智能专业产生了兴趣及向往。

二、评价

根据自己的表现，在下面表格中相应的位置上画"☆"（很好：☆☆☆，好：☆☆，还需努力：☆），并邀请教师对研学表现及研学成果进行评价。

研 学 表 现			研 学 成 果	
认真聆听 遵从指挥	活动过程 积极参与	团队协作 默契高效	讲述机器人在各个 领域的应用情况	体验人工智能活动 感受科研精神
教师评语				

知|识|延|伸

人脸识别

人脸识别技术，基于计算机视觉和模式识别技术的原理，通过采集、分析、比对和识别人脸图像，为身份认证提供了便捷和安全的方法。

这种技术有广泛的应用领域，涉及安全、教育、医疗和商业等。例如，在门禁系统、边境检查和金融支付等领域，人脸识别技术发挥着重要作用。在教育领域，该技术可用于学生考勤和校园安全等方面。在医疗领域，人脸识别技术可帮助确认患者身份和管理医疗记录。在商业领域，这项技术能提升会员管理和支付系统的便利性，优化用户体验。

尽管人脸识别技术带来了很多便利，但它也面临一些挑战和问题，如隐私问题和技术可靠性问题。人脸图像属于个人敏感信息，保护不当可能导致隐私泄露和滥用。此外，尽管技术发展迅速，但仍存在识别错误的情况。

总的来说，人脸识别技术作为一种便捷、安全的身份认证方法，在各个领域都得到了广泛应用。虽然这项技术存在隐私和技术可靠性等问题，但我们相信，随着不断发展和完善，它将在未来发挥更重要的作用，为人们的生活带来更多的便利和安全保障。

第三节　水的奥秘　我来探索

学习目标

1. 通过参观实验室公共实验平台、哈尔滨市供排水系统演示沙盘、健康直饮水设施等，以及教师对水资源知识的生动介绍，了解我国水资源的状况和缺水程度，探索保护水资源的重要性。

2. 体验基础资源环保科学实验，听教授讲解"大美龙江、环境保护"报告，近距离体验大学课堂。不断加强对前沿科技的了解，加深对生态文明和"美丽中国"的理解，从而产生对科学研究的向往，培养热爱祖国大好河山的思想感情。

资料链接

哈尔滨工业大学城市水资源与水环境国家重点实验室

城市水是美丽中国建设的载体，是人民幸福感和满足感的基石。

哈尔滨工业大学环境学科历史悠久，薪火传承。1920 年哈尔滨中俄工业学校（哈尔滨工业大学早期名称）开设"给水和排水"等专业课程，1952 年即成立我国最早的"给水排水专业"。"城市水资源与水环境国家重点实验室"于 2007 年获批成立。实验室面向国家重大需求和国际技术前沿，开展了理论创新与技术实践，攻克"卡脖子"问题，引领和带动了我国实现城市水可持续发展。

实验室创建了我国城市水领域最高水平研究团队：经过十余年发展，形成112名固定研究人员，拥有中国工程院院士5位、各类省部级以上学术人才46人，分别建成哈尔滨和深圳校区1.5万平方米和2.5万平方米两座独立大楼，仪器设备资产超过2亿元。

实验室构建了绿色、低碳、智慧的城市水理论体系：提出了绿色低碳、高韧性的完整城市水系统框架；构建了源头到龙头的全流程水质保障体系；建立了"蓝-绿-灰"融合的海绵城市建设方略；创建了"源-厂-网-河"一体化的水智慧管控系统。

实验室研发了系统、高效的城市水技术保障体系：开创污水生物产氢技术体系，突破污水能源回收"卡脖子"问题；构建饮用水微污染物强化去除技术体系，解决饮用水水质全面提升问题；创立了寒区低温全链条综合治理技术体系，解决了寒区水环境整治难题。

实验室未来将继续服务碳中和/碳达峰国家重大战略，努力建成世界顶尖的水科技原创中心和引领行业的产业联盟中心。

▶▶思考与讨论

1. 水资源短缺对生活生产的影响、对可持续发展的影响有哪些？

2. 有关水资源的实验有哪些，对水资源研究有哪些帮助？

3. 在生活中如何保护水资源？

▶▶探究与实践

活动一：参观实验室

同学们有序参观哈工大城市水资源与水环境国家重点实验室科研实验平台及哈尔滨市供排水系统演示沙盘，了解哈尔滨市供排水系统的状况。通过聆听院士风采墙与杰出人才介绍，学习科研人员不畏艰难、反复探索的精神内涵。

活动二：探秘直饮水

聆听健康直饮水设施等知识介绍，体验基础资源环保科学实验，自己动手，自己观察，自己发现，感受科学奥秘，提高对科研的兴趣及珍惜爱护水资源的环保意识，感受"格物穷理、知行合一、海纳百川"的实验室文化。

活动三：趣味水课堂

听教授讲解"大美龙江、环境保护"报告，近距离体验大学课堂。深入了解环境学科，了解水资源的分布与水资源对我们人类生活生产的影响，了解水资源的紧缺现状，增强节水意识和水生态环境保护意识。

▶▶感悟与评价

一、感悟

水与生活息息相关，我们应该随时节约用水，保护水资源，更应该学习科研人员严谨、刻苦的精神，为我们的生态环境、为我们美丽的祖国做一份贡献！

二、评价

根据自己的表现，在下面表格中相应的位置上画"☆"（很好：☆☆☆，好：☆☆，还需努力：☆），并邀请教师对研学表现及研学成果进行评价。

研 学 表 现			研 学 成 果	
认真聆听 遵从指挥	活动过程 积极参与	团队协作 默契高效	中国水资源现状 及问题解决方案	学习科学家不断 克服困难的精神
教师评语				

知|识|延|伸

保护水资源的几种方法

一、保护环境，不随意倾倒垃圾，从源头清理垃圾，保证源头水源洁净。

二、减少水污染，尤其是工业污染，开展流域、区域的水污染防治工作。

三、保护生态，保护树木，不要滥砍伐森林。

四、开发新技术，利用新科技，处理污染物。

五、跨流域调水，运用河道、洼淀蓄滞洪水，回灌地下水。

六、加强宣传，让全民行动起来，保护珍贵的水资源。

第二章　极地海洋

地球是我们的家园。极地和海洋具有特殊的生态环境和丰富的生物资源，对全球气候和生态系统的影响也十分显著。本章我们将带领同学们近距离体验、感知极地和海洋科学，探寻极地和海洋的奥秘。

资料链接

哈尔滨极地公园

哈尔滨极地公园是教育部授予的全国中小学生校外研学实践教育基地、中国科学技术协会授予的全国科普教育基地、全国海洋科普教育基地、全国舰船科普教育基地、国防科普研习基地、黑龙江省首批中小学研学实践教育基地、黑龙江省科普教育基地、南北极动物繁育饲养基地。哈尔滨极地公园致力于生物多样性的科普科研工作，是具有示范意义的全国性研学教育基地，填补了南北极科普研学的空白。园区包含极地馆、海洋馆、淘学企鹅馆、北极熊体验馆、恐龙馆五大场馆。

　　哈尔滨极地公园作为南北极动物繁育饲养基地，积累了十几年的南极巴布亚企鹅繁育经验。世界第一只内陆城市诞生的南极企鹅就在哈尔滨极地公园。全世界共有 7 种南极企鹅，哈尔滨极地公园淘学企鹅馆就拥有国王企鹅、巴布亚企鹅、阿德利企鹅、帽带企鹅 4 种南极企鹅。

图 2-1　哈尔滨极地公园

第一节　圆梦南极

学习目标

1. 参观体验淘学企鹅馆，了解南极生态环境的重要性，增进对极地科考的认知，了解我国极地科学考察取得的优异成绩，激发探索精神。

2. 通过近距离观察企鹅的行为动作，了解企鹅的习性及特点，掌握观察、记录、分析等科学研究方法，提升探究能力，培养与自然和谐共处的意识。

资料链接

淘学企鹅馆

2023 年 7 月，全国首家极地海洋研学教育基地——淘学企鹅馆启幕。之所以要叫淘学企鹅馆，是因为"淘学企鹅"是哈尔滨极地公园的原创文旅 IP，2023 年初，仅一个月，相关视频在新媒体平台的传播量就超过 10 亿次。"淘学企鹅"的"淘"是淘气而非逃跑，寓意着聪明、可爱、有生气地去研学实践。

图 2-2　淘学企鹅馆

　　场馆立足沉浸式南北极科普研学，全景展示我国南北极科考站，打造了淘学企鹅全息剧场，原创"极地"与"海洋"两大研学篇章，模拟"蛟龙号""雪龙号"两大国之重器，还原战斗航母群，体验模拟驾驶。原创横贯三层的企鹅水晶碗，让观众可以从三个不同的空间和维度同珍稀的南极企鹅近距离接触。在"遇舰小川·艇好"研学工作室，开设了首席舰艇专家讲堂。运用元宇宙、虚拟现实、全息等先进科技与自有珍稀动物资源结合，原创三大研学课程：戴上 VR 眼镜体验南极探险；透过全息科技，解锁海洋生物奥秘；亲手触摸水母、海星、鲨鱼，沉浸式感受生命力量。

图 2-3　淘学企鹅馆南极科考站展区

▶▶思考与讨论

1. 我国在南极地区建立的首个南极科考站叫什么名字？

2. 你能说出企鹅身体各组成部分的名称吗？

3. 你知道企鹅有哪些生活习性吗？

▶▶探究与实践

活动一：追寻科考足迹　探索南极奥秘

了解中国南极科考队员冒着生命危险，在极地寒天中排除千难万险，百折不挠，完成科考任务的事迹和历程，学习黑龙江极地科考英雄榜，学习"南极精神"，即"爱国、求实、创新、拼搏"。

黑龙江是中国离北极最近的省份，有许多在极地参与科考的黑龙江人在默默奉献。淘学企鹅馆专门设立黑龙江极地科考英雄榜，让全国游客了解黑龙江为极地科考事业做出的贡献，让极地科考扎根孩子们的心中！

图 2-4　淘学企鹅馆黑龙江极地科考英雄榜

活动二：企鹅饲养全体验　动物保护记心田

走进淘学企鹅馆，在"超级企鹅碗"，与四种珍稀南极企鹅面对面，了解企鹅的种类和成长历程，认识企鹅身体各部分名称，探究企鹅的习性特点，观察企鹅如何在冰面上行走、如何在水下游动。

图 2-5　淘学企鹅馆"超级企鹅碗"

通过实地观察和互动等方式深入探究，学会观察、记录、分析等学习方法，学会总结与分享。了解极地生物的珍稀程度和极地生态环境的重要性，了解冰川融化对企鹅生存的影响，认识保护生态的重要性，增强保护动物的意识，激发对大自然的热爱和敬畏之心。

活动三：乘坐"雪龙号"　沉浸式 VR 体验

在淘学企鹅馆 VR 教室，戴上 VR 眼镜，通过 VR 实践课"极地探险"，体验穿越到南极的奇幻旅程，了解中国极地科考船"雪龙号"的极地救援行动，沉浸式感受中国力量。

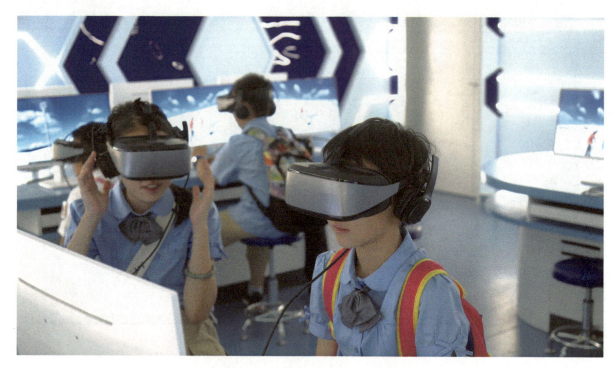

图 2-6　淘学企鹅馆 VR 教室

▶▶感悟 与 评价

一、感悟

南极是一片遥远而又神秘的冰雪世界，与人类的生存和发展休戚相关。走近南极，了解南极，利用南极，了解极地环境与全球气候的相互关系，树立环保意识，保护地球，保护家园。

二、评价

根据自己的表现，在下面表格中相应的位置上画"☆"（很好：☆☆☆，好：☆☆，还需努力：☆），并邀请教师对研学表现及研学成果进行评价。

研 学 表 现			研 学 成 果	
认真聆听 遵从指挥	活动过程 积极参与	团队协作 默契高效	掌握南极相关知识	加深对企鹅的了解
教师评语				

知|识|延|伸

冰雪大陆——南极洲

南极洲，也被称为"第七大陆"，是围绕南极的大陆，位于地球南端，四周为太平洋、印度洋和大西洋所包围。南极洲是世界最高的洲。大陆几乎全被冰川覆盖。整个大陆只有2%的地方无长年冰雪覆盖，动、植物能够生存。在南极圈内暖季有连续的白昼；寒季则有连续的极夜，并有绚丽的弧形极光出现，称"南极光带"。动物有企鹅、海象、海狮、海豹、信天翁等。全洲无定居居民，只有来自世界各地的科学考察人员和捕鲸队。[7] 3149

第二节　邂逅北极

学习目标

1. 了解北极地区的生态环境、地质成因、生物多样性、气候变化、海洋资源和人文历史知识，并增强保护环境意识，理解构建人类命运共同体理念。

2. 体验投喂北极熊，了解北极熊的相关知识。观看模拟北极光，了解北极光的形成过程和形态特征，探索宇宙的神奇奥秘。关注北极生态环境保护，从我做起，共同守护北极环境。

资料链接

一、北极熊体验馆

哈尔滨极地公园原创国内第一个全模拟北极、室内外结合的北极熊体验馆，来自俄罗斯的北极熊兄弟"大宝"和"笨笨"就生活在这里。北极熊体验馆从多个视角全方位展现北极熊在陆地和水中的日常活动状态。此外，哈尔滨极地公园还打造了世界唯一的北极熊酒店，从酒店每一个房间的每一扇窗都能看到北极熊。

图 2-7 哈尔滨极地公园北极熊体验馆

二、克隆北极狼

哈尔滨极地公园利用自有野生动物资源，提取野生北极狼"玛雅"的供体细胞，于2022年成功繁育出世界首例克隆北极狼（也叫"玛雅"），成功攻克了克隆野生珍稀动物这一世界性课题，并针对该课题广泛开展研学实践，吸引广大中小学生参加，对保护生物多样性、维护地球家园具有重要意义。

图 2-8　克隆北极狼"玛雅"（左）和比格犬"妈妈"（右）

三、极光

哈尔滨极地公园运用先进的激光技术，模拟出"冰川极光秀"，让中小学生和游客无须远赴南北极，就能亲眼看到壮丽的极光。

图 2-9　哈尔滨极地公园冰川极光秀

▶▶思考 与 讨论

1. 在极地常常可以看见空中有五颜六色的极光，美丽壮观。你知道极光是怎样形成的吗？极光有哪些颜色？

2. 你知道哪些北极动物？北极熊的毛是什么颜色的？

▶▶探究 与 实践

活动一：聆听北极知识讲座　了解北极独特的生态知识

通过聆听北极知识讲座，了解北极地区的生态环境、地质成因、生物多样性、气候变化、海洋资源和人文历史知识，并增强保护环境意识，理解构建人类命运共同体理念。

活动二：对话极地动物饲养员　增进对北极动物的认知

沉浸式体验北极自然环境，参观北极熊体验馆，通过仔细观察并与极地动物饲养员沟通，了解北极熊、北极狼等极地动物的生活环境、生活习性、食物构成、身体构造及发生在它们身上的有趣的故事。体验投喂北极熊，了解北极熊的相关知识。认识世界首例克隆北极狼"玛雅"，了解如何利用科技力量，让生命延续，探索极地生物的奥秘。

活动三：观看绚丽北极光　探索宇宙神奇奥秘

身临其境观看冰川极光秀，了解极光形成过程、本质原理和形态特征，探索宇宙神奇奥秘。

▶▶感悟 与 评价

一、感悟

北极常年气候寒冷，具有较丰富的动植物资源和自然资源。极地环境与全球气候息息相关。保护极地，人人有责。我们可以从身边做起，从小事做起，节约资源，与自然和谐相处，爱护我们的地球家园。

二、评价

根据自己的表现，在下面表格中相应的位置上画"☆"（很好：☆☆☆，好：☆☆，还需努力：☆），并邀请教师对研学表现及研学成果进行评价。

研 学 表 现			研 学 成 果	
遵守行程规定和活动安排	积极参与集体活动	积极交流主动分享	掌握北极动植物资源情况	深度了解极光现象
教师评语				

知|识|延|伸

极夜

极夜，又名永夜，是一日之内，太阳都在地平线以下的现象，出现于地球两极地区。每年秋分过后，北极附近就会出现极夜，范围逐渐扩大，直到冬至到达北极圈；冬至过后极夜范围缩小，至春分完全消失。[8]

第三节　探秘海洋

学习目标

1. 了解海洋现状，学习海洋基础知识，近距离接触海洋生物，领悟保护自然和可持续发展的重要意义，为保护海洋贡献出自己的一份力量。

2. 沉浸式融入真实海洋场景，感受科技魅力，学会使用显微镜等科学观察工具探究海洋生物奥秘，体会跨学科学习的魅力，将知识融会贯通。

资料链接

白鲸水下表演

哈尔滨极地公园首创极地白鲸水下表演"海洋之心"。2009年，两位驯养师与两只白鲸成功演绎"海洋之心"，让观众为之震惊与感动。这场表演上百次在中央电视台播出，"海洋之心"的经典造型为人们所熟知。

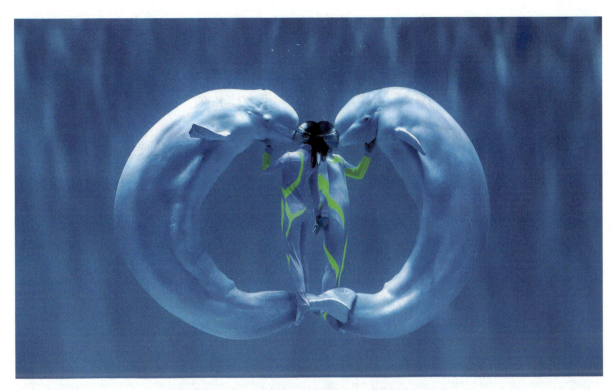

图 2-10 白鲸水下表演 "海洋之心"

有了 "海洋之心" 的成功经验，哈尔滨极地公园陆续创造了 "三鲸开泰" "四鲸同秀" "奥运五环" 等令人叹为观止的白鲸表演，不断改写着白鲸表演的历史。

▶▶思考与讨论

1. 我们为什么要保护海洋？

2. 我们该如何保护海洋生物呢？

▶▶探究 与 实践

活动一：探索海洋世界　与海洋动物亲切互动

海洋是万物生灵的摇篮，蕴含着无尽的知识与奥秘。让我们走近海洋世界，了解海洋生物的习性特点。观看驯养师与白鲸共同表演，了解白鲸的形态特征、生活习性及分布范围，聆听白鲸发出的声音。亲手触摸条纹斑竹鲨，聆听鲜为人知的海洋故事。感受人与海洋动物之间爱的传递，在心里种下一颗保护海洋动物的种子，立志做海洋的保护者。

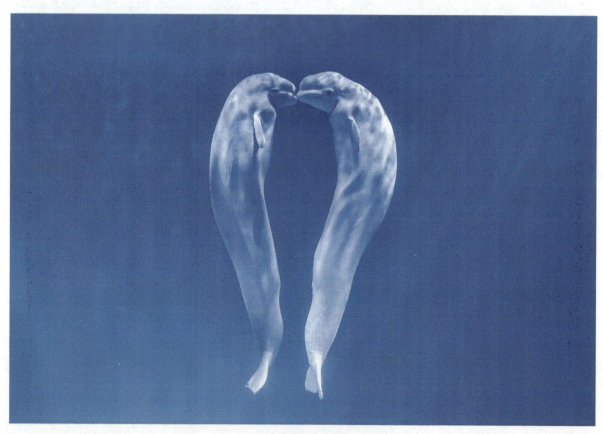

图 2-11　哈尔滨极地公园"鲸之吻"

活动二：走进海洋实验室　探究水母奥秘

走进海洋馆中的水母展示区，观察透明亚克力圆柱中各种形态的水母在变幻的灯光中翩翩起舞。在淘学企鹅馆的海洋实验室体验一系列生动有趣的研学课程，包括"一只水母的梦境""派大星和他的朋友们""爱穿条纹衫的鲨鱼"。亲手触摸水母、海星、条纹斑竹鲨等海洋生物。利用实物展示及动手实验的形式拉近和极地海洋世界的距离，让海洋研学深入人心。比如用显微镜观察海月水母的食物，了解海月水母的身体构造和成长过程，观察海月水母的进食过程，探究水母如何生长繁殖，探索水母的奥秘。了解密度与浮力的关系，培养科学探究精神，锻炼动手实践能力。

图 2-12　海洋馆梦幻水母乐园

活动三：模拟海洋环境　感受科技创新魅力

淘学企鹅馆全息教室运用先进的全息技术和光线追踪技术，让人仿佛置身于海洋中。通过桌面的游戏和墙面的互动，在游戏中培养环保意识及对海洋奥秘的探索精神。

图 2-13　淘学企鹅馆全息互动

▶▶感悟与评价

一、感悟

生命起源于海洋，人类更离不开海洋。浩瀚的大海除了孕育着生命，还蕴藏着大量的能源。我们要深入了解海洋，感受海洋魅力，学会保护海洋生物，维护海洋生态平衡。

二、评价

根据自己的表现，在下面表格中相应的位置上画"☆"（很好：☆☆☆，好：☆☆，还需努力：☆），并邀请教师对研学表现及研学成果进行评价。

研　学　表　现			研　学　成　果	
团队协作 默契高效	活动过程 积极参与	实验环节 严肃认真	感受海洋 生命的力量	掌握海洋知识 争做海洋守护者
教师评语				

知|识|延|伸

生命的摇篮——海洋

海洋是由海水、溶解或悬浮于其中的物质、生活于其中的生物、邻近海面上空的大气、围绕其周缘的海岸和海底等组成的统一体。通常所称的海洋，仅指海洋主体的连续水域。面积约 36 200 万平方千米，占地球表面积约 70.8%。海洋是全球生命支持系统的基本组成部分，也是维系人类持续发展的资源库。海洋开发利用已为各国所重视。[7] 1598

第三章　飞向未来

在现代社会，人们的出行方式越来越多，其中包括步行和借助自行车、汽车、火车、轮船、飞机等交通工具。在事务繁忙的现代生活中，飞机成为大多数人远距离旅游和长途出行的首选交通工具。尽管飞机的速度和高度给人带来了不确定性和风险，但由于具有独特的保障措施，飞机仍被广泛地认为是最安全的交通工具之一。

资料链接

飞机飞行的基本原理

飞机之所以能飞，是因为受到升力的作用。飞行的梦想，便从升力开始。

当飞机向前飞行时，经过机翼上表面和下表面的空气流速不同。由于机翼上表面较为弯曲，因此空气在经过上表面时会被加速，而下表面较为平坦，空气流速则较为缓慢。根据伯努利原理，空气流速加快的地方，压强会减小，而空气流速减缓的地方，压强会增加。因此，机翼的上表面压力小于下表面压力，从而产生了向上的合力，即升力。总之，飞机升力的产生是由于机翼特殊的形状和空气动力学原理，通过上下表面的压力差产生向上的合力，从而实现飞机的飞行。

要想实现平稳的飞行，一对好的机翼是不可或缺的，同时还要拥有一些控制飞机姿态的部件。机翼主要由蒙皮、骨架和接头组成。其中骨架又分为纵向骨架和横向骨架。纵向骨架包括翼梁、桁架和纵墙，沿翼展方向布置。翼梁和纵墙承受大部分的力，材料为铝合金或合金钢，部分纵墙可后接襟翼。桁架则紧贴蒙皮，也可承载部分力。横向骨架及翼肋可传导力，并保持机翼剖面的形状，不让它因受力过大而变形。横向和纵向骨架相互交错，形成机翼的主体，外层再包上蒙皮，这样机翼的气动外形就出来了。[9]

直升机的主要部件有旋翼，它负责提供升力。旋翼由两部分组成：桨叶和桨毂。桨毂套在发动机主轴上，发动机运转时，桨毂带动桨叶旋转，产生升力。位于直升机尾部的尾桨起到稳定的作用，让直升机一直保持较为平衡的姿态。直升机桨叶由金属材料或复合材料制成，气流与桨叶剖面（翼弦）的夹角就是直升机的迎角。桨毂分为铰接式、半铰接式、无铰式和无轴承式四类。[10]

第一节 飞机发展简史

学习目标

1. 通过参观场馆，深入了解飞机的发展演变过程，激发学习科学的兴趣，理解科技促进人类进步发展的意义，提高科学素养。

2. 学习先辈们坚持不懈的科学探索精神，培养家国情怀、科学精神、爱国主义精神和民族自豪感。

资料链接

一、莱特兄弟飞行者航空科技体验馆

莱特兄弟飞行者航空科技体验馆是以飞行模拟器为主题的大型科普类场馆。体验馆位于哈尔滨龙塔一至二层，建筑面积 1 500 余平方米。一层为飞行体验区、航空科普知识教学区、会议大厅接待区，二层为中国商飞 C919 文化展厅区、航空知识互动区、VR 设备体验区、动感 5D 影院，集飞行驾驶体验、科普教育拓展、娱乐休闲为一体。目前对公众开放的项目有国产大飞机 C919 飞行模拟器、美国波音 737-800 飞行模拟器、塞斯纳 172 飞行模拟器、航空科普教学区、波音官方授权衍生品商店、商飞 C919 文化展区、莱特兄弟文化展区、航空设备互动体验区、VR 设备体验区和动感 5D 影院。

图 3-1　教官团队列队欢送

图 3-2　多功能会议大厅

二、飞机发展历史

（一）飞机的发明者——莱特兄弟

二十世纪初在美国有一对兄弟，他们在世界的飞机发展史上做出了重大的贡献，他们就是莱特兄弟。他们不断尝试，进行了多次滑翔试飞，终于制造出了第一架依靠自身动力进行载人飞行的飞机"飞行者" 1 号，并且获得试飞成功。1909 年，他们创办了莱特飞机公司。这是人类在飞机发展的历史上取得的巨大成功。

（二）多种多样的飞机

1. 滑翔机

滑翔机是一种没有动力装置、重于空气的固定翼航空器。它可以由飞机拖曳起飞，也可用绞盘车或汽车牵引起飞，更初级的还可从高处的斜坡上下滑到空中。在无风情况下，滑翔机在下滑飞行中依靠自身重力的分量获得前进动力，这种损失高度的无动力下滑飞行称滑翔。在上升气流中，滑翔机可像老鹰展翅那样平飞或升高，通常称为翱翔。滑翔和翱翔是滑翔机的基本飞行方式。[11]

2. 螺旋桨飞机

螺旋桨飞机，是指用空气螺旋桨将发动机的功率转化为推进力的飞机。从第一架飞机诞生到第二次世界大战结束，几乎所有的飞机都是螺旋桨飞机。在现代飞机中，除超音速飞机和高亚音速干线客机外，螺旋桨飞机仍占有重要地位。目前支线客机和大部分通用航空中还在使用。螺旋桨飞机的特点是飞机重量和尺寸不大、飞行速度较小和高度较低，有良好的低速和起降性能。[12]

3. 喷气式飞机

世界上最早提出喷气推进理论的是法国的马克尼上尉和罗马尼亚的亨利·康达。康达还试制过最早的喷气式飞机，并制造出一架原型机。

喷气式飞机是一种使用喷气发动机作为推进力的飞机。喷气式飞机所使用的喷气发动机靠燃料燃烧时产生的气体向后高速喷射的反冲作用使飞机向前飞行，它可使飞机获得更大的推力，飞得更快。[12]

4. 直升机

世界上第一架实用型直升机是美国工程师西科斯基研制成功的。西科斯基原籍俄国，后移居美国，他制造的直升机经过多次试飞并进行调整后，成为现代直升机的鼻祖。

直升机作为航空技术极具特色的发明创造之一，极大地拓展了飞行器的应用范围。直升机是典型的军民两用产品，可以广泛地应用在运输、巡逻、旅游、救护等多个领域。

5. 民航客机

民航客机是指体型较大、载客量较多的集体飞行运输工具，用于来往国内及国际商业航班。民航客机一般由航空公司运营，主要分为干线客机和支线客机。[13] 目前较为知名的客机生产商有波音公司、空中客车公司、庞巴迪公司和巴西航空工业公司等。第一架全金属、具备一切现代民航客机特点（除螺旋桨发动机外）的商用单翼机是1930年波音公司的单发邮政机，波音根据这架飞机的半硬壳式机身和应力蒙皮设计，为美国陆军航空部研制了双发动机轰炸机的原型机。[14]

▶▶思考与讨论

1. 你知道世界上最先进的飞机机型有哪些吗？

2. 你了解飞机的主要组成部分及功能吗？

▶▶探究与实践

活动一：参观商飞 C919 文化展区

（一）在商飞 C919 文化展区，可以了解到 C919 飞机不论是外形还是内部布局，都是由中国自主设计、自己试验完成的。学习商飞文化，既是对工匠精神的传承，又是对中国改革开放成就、大国航空工业崛起的感悟。

图 3-3 莱特兄弟飞行者航空科技体验馆一层形象墙

（二）商飞 C919 文化展区的对面，是莱特兄弟文化展区。"芯片"自由对中国有多重要？同学们可以想象一下：一块小小的电路板，如何变成一台专业飞机模拟器？一间地下室、一个模拟飞行论坛，如何变成一家领先的模拟器制造企业？这些问题在这个展区便能一探究竟。自主研发艰辛无比，需要攻克诸多"卡脖子"的难题，同学们要学习用工匠精神去做事、做学问。

图 3-4　C919 飞机相关知识介绍

图 3-5　莱特兄弟文化展区

活动二：了解我国 C919 飞机研发历程

C919 飞机是中国自主研发的一款窄体干线客机，由中国商飞公司主导研制。它是中国民航工业自主研发和生产大型客机的重要里程碑，也是中国高端装备制造领域的一个典型代表。

图 3-6　C919 飞机科普展示区

▶▶感悟与评价

一、感悟

C919飞机取得的历史性成就，对增强我国经济实力、科技实力、民族凝聚力、国际影响力等具有十分重要的意义。站在新的起点上，中国大飞机事业系列化、规模化、产业化发展的任务依然艰巨。通过学习了解C919飞机的相关知识，激发和提高了学习动力与研发兴趣。踔厉奋发、勇毅笃行，创造中国大飞机更加美好的明天。

二、评价

根据自己的表现，在下面表格中相应的位置上画"☆"（很好：☆☆☆，好：☆☆，还需努力：☆），并邀请教师对研学表现及研学成果进行评价。

研 学 表 现			研 学 成 果	
认真聆听 遵从指挥	活动过程 积极参与	团队协作 默契高效	了解飞机分类和组成 部分内容情况	体会科学精神 理解科学精神内涵
教师评语				

知|识|延|伸

飞机飞行要解决什么问题?

飞机飞行要解决两个问题:一是上升,二是前进。

空气流过物体或者物体在空气中运动时,空气对物体的作用力称为空气动力。如:有风的时候,我们站着不动,会感到有空气的力量作用在身上;没有风的时候,我们跑步时也会感到有空气的力量作用在身上。这是空气动力的表现形式。再如:飞机在飞行中受到的升力和阻力也是空气动力的表现形式。

稳定气流和不稳定气流:所谓"稳定气流",就是空气流动时,空间各点上的参数不随时间而变化。如果空气流动时,空间各点上的参数随时间而改变,这样的气流就是"不稳定气流"。[15]

飞机前进靠的是发动机的动力带动螺旋桨旋转产生的向前牵引力或是喷气产生的向前推力。上升是根据伯努利原理,即流体(包括气流和水流)的流速越大,其压强越小,流速越小,其压强越大。

第二节 飞行模拟体验

学习目标

1. 掌握全面丰富的航空历史文化知识、飞行原理，以及模拟飞行驾驶操作技术、飞行文化等内容。

2. 在飞行领域和航空科技领域，开阔视野，提升对飞行驾驶的了解与学习兴趣。

3. 增长实践技能，通过与模拟器驾驶舱零距离接触，学习与飞行安全有关的实用技术和应急生存技能。

4. 培养专注力和严谨的做事态度，树立对飞机安全和乘客安全的责任心。

资料链接

一、飞行模拟体验项目背景

近年来，飞行模拟体验的普及使得越来越多的人对飞行产生了兴趣，他们渴望更加贴近真实的飞行体验。飞行模拟体验活动将帮助参与者实现梦想，以最真实的模拟环境设备和教学方式，让参与者感受到飞行的乐趣和挑战。

图 3-7　中国大飞机 C919 飞行模拟器

飞行模拟体验项目是深受广大青少年喜爱的一项航空科技项目。它运用计算机技术，以及机械、物理、数学等其他各类知识模拟真实飞行环境和飞行器的操作。这样既降低了成本，又保证了充裕的培训时间，同时利用三维演示，使航空理论和飞行技术更加易学、易懂、易操作，提高了在现实中参与真实飞行的成功率。

飞行模拟体验的优势在于能够创设良好的虚拟学习环境，实现接近真实情景下的形象化教学。在飞行模拟器中，同学们可以通过驾驶盘、操纵杆等传感系统来控制飞机的起飞、降落，打破时间、空间的限制，把学习情境与实际情境相结合，便于同学们掌握相关知识，弥补教学条件的不足，让同学们在模拟场景中就可以进行各种各样的飞行实践，获得与真实实践一样的体会，加深对教学内容的理解。

二、飞行体验区

飞行体验区域以飞机驾驶体验为主，内设机场模拟塔台教室、中国大飞机 C919 飞行模拟器、波音 737-800 飞行模拟器、塞斯纳 172 飞行模拟器及波音 737-800 专业级球幕舱等，并配备专业飞行教官指导。在这里可以挑战全球超过上万个机场，几十种不同天气，十余种航线场景模式。

图 3-8 中国大飞机 C919 飞行模拟器

三、航空科普知识教学区

场馆内共设置了五间不同功能的教室，有飞行员教室、摇杆模拟飞行教室、航模组装教室、模拟塔台教室和客舱教室。同学们可以在这里选择丰富多彩的航空课程，包括学习飞行员职业相关的基本知识、学习"全国青少年模拟飞行锦标赛"专用摇杆设备操纵、组装拼接各式各样的航模、体验无线电陆空通话、学习空乘礼仪，以及学习并实操机场安检知识和紧急特情时的安全自救知识。

图 3-9 模拟塔台教室

四、航空知识互动区

区域内共设置了七大操作平台。在这里，同学们可以去了解与飞机有关的内容。所有枯燥难懂的知识，如航空气象学知识、发动机反推装置知识、飞机灯光知识、飞机襟翼知识、飞行姿态知识等，都将在眼前变得清晰明了。在操纵航模的过程中，不仅能学习到知识，还能够锻炼手眼脑的协调能力、应变能力和独立思考能力。

图 3-10　航空知识互动体验区

图 3-11　了解航空互动操作平台

五、VR 动感 5D 影院体验区

场馆内配备了多种适合学生体验的 VR 设备。同学们可以在这个区域沉浸、交互、多感官体验虚拟现实中的奇幻世界。动感 5D 影院主打鬼屋探险、海洋历险、过山车、未来科幻等多种题材游戏体验。采用国际先进的三维动画图像技术和专利动感座椅平台，配合雨、雪花、风等十余种环境特效，为视觉、听觉、触觉带来一场极致的盛宴。

图 3-12　VR 互动体验区

图 3-13　5D 影院观影

▶▶思考与讨论

1. 飞机驾驶舱的结构是什么？

2. 常见的专业航空术语有哪些？

▶▶探究与实践

活动一：了解机长

民用航空运输机长（以下简称机长）是依据中国民用航空规章取得航线运输驾驶员执照，并被航空运输企业聘为机长的飞行员。[16] 机长又称正驾驶，是航机内拥有最高指挥权的人。

图 3-14　飞机模型、机长制服展示

图 3-15　体验制服穿戴

活动二：值机流程及相关常识

（一）什么是机场值机

机场值机，就是机场的工作人员为旅客办理乘机手续或者旅客自己在自助值机设备上自助办理乘机手续。

（二）机场值机流程

1. 找到出票航空公司的值机柜台。进入机场后，核对自己的飞机行程单上标明的航空公司，可以在门口的电子显示屏上寻找该航空公司的航班信息，其中有值机柜台信息，记住柜台号码，尽快前去办理。

2. 获取登机牌。可以通过两种方式取得登机牌，一是航空公司值机柜台，二是自助值机设备。用随身携带的身份证件进行办理，如果没有托运行李的话，建议到自助值机设备上办理比较快速。

3. 打印行李标签。人工值机柜台和一些自助值机设备都可以打印行李标签，注意行李重量尽量不要超过规定的重量，以免增加旅行费用。同时要按照机场安全规定携带行李，这样可以确保高效乘机。

4. 托运行李。行李由工作人员进行一系列托运服务流程，被送入输送带输往行李房。在此阶段需要稍等一下，等待行李安检。

5. 等待行李安检。托运行李放入输送带后会进入安检程序。如果发现违禁用品或疑似禁止托运物品，机场工作人员会通知旅客到行李房开箱检查，并进行一系列安全检查流程。此时需要配合，以便快速通过安检。

6. 购买附加服务。值机过程中，可以对一些特殊的机场附加服务进行购买，如保险费等。

7. 安检候机。只有拿到登机牌和行李安全托运后，才能安检候机。

8. 改签服务。如果临时发生应急事件，本次航班无法正常乘机，可以在柜台办理改签业务。

9. 值机时效。应牢记值机截止时间，值机截止后，将不能办理值机或托运行李。

（三）出行相关常识

1. 出发前准备

（1）建议提前半个月购票，节假日出行可提前一到两个月购票，以便买到低价票。

（2）乘坐飞机时需要提供有效证件，如身份证、户口簿、护照等（乘坐国内和国际航班的要求稍有不同）。

（3）优选二十寸以内的行李箱，可免去托运麻烦。

2. 出发时间

建议提前两个小时出发，一般来说，飞机正式起飞前四十分钟会停止办理值机，后面还需要托运行李、过安检等，还可能面对托运行李有禁带物品、需要检查等突发情况，所以一定要留足时间，避免错过起飞时间。

3. 常见不能托运物品

（1）火种（包括各类点火装置），如打火机、火柴等不能托运。

（2）管制刀具，如匕首等不能托运。

其他禁止或限制托运的物品可以在中国民用航空局发布的《民航旅客禁止随身携带和托运物品目录》和《民航旅客限制随身携带或托运物品目录》中进行查看。

4. 常见不能随身携带上飞机的物品

（1）专业刀具，如手术刀等，一些工具，如螺丝刀等，以及球棒、桌球杆等物品不能随身携带，但可作为行李托运。

（2）随身携带的盛放液态物品的容器容积不能超过 100 毫升，不看实际液态物品的多少，而是看瓶身的大小，所以盛放在容积超过 100 毫升的容器内的液态物品不能随身携带，要作为行李托运。

（3）小动物不能带上飞机，托运则需要检疫合格证。

其他禁止或限制随身携带的物品可以在中国民用航空局发布的《民航旅客禁止随身携带和托运物品目录》和《民航旅客限制随身携带或托运物品目录》中进行查看。

5. 乘坐飞机时的注意事项

登机时只需出示登机牌即可。起飞和降落过程中可能会出现耳朵疼痛的情况，此时可通过张嘴和吞咽动作来缓解。如果有托运行李，到达后一定要记得到行李提取处（转盘）取行李。

活动三：模拟机场旅客安全检查

（一）什么是旅客安全检查

旅客安全检查是指乘坐民航飞机的旅客在登机前必须接受的一项

人身和行李检查项目。这是为了保证旅客自身安全和民用航空器在空中飞行安全所采取的一项必要措施。[17]

安全检查不存在任何特殊的免检对象。所有外交人员、政府官员和普通旅客，不分男女、国籍和等级，都必须经过安全检查。安全检查的内容主要是检查旅客及其行李物品中是否携带枪支、弹药，易爆、腐蚀、有毒放射性等危险物品，以确保航空器及乘客的安全。安全检查必须在旅客登机前进行，拒绝检查者不准登机，损失自负。[18]

（二）旅客安全检查的方法

对旅客的安全检查一般有四种方法：

1. X射线安检机，主要用于检查旅客的行李物品。行李通过检查，工作人员会在行李上贴好标记"某某机场行李安检"的不干胶条，然后旅客方可办理托运手续或随身携带登机。

2. 探测检查门，用于对旅客的身体检查，主要检查旅客是否携带禁带物品。

3. 磁性探测器，也叫手提式探测器，主要用于对旅客进行近身检查。

4. 人工检查，即由安检工作人员对旅客行李手工翻查和男女检查员分别进行搜身检查等。[19]

（三）安全检查程序

1. 行李物品检查：旅客进入机场大厅后首先将行李物品放到X射线安检机的传送带上。工作人员检查后贴上不干胶条。

2. 旅客证件检查：旅客办理完毕行李托运和登机手续后，将护照、机票、登机牌等交检查员核验并在登机牌上加盖安全检查印章。

3. 手提行李物品检查：将随身携带的手提行李物品放在X射线安检机的传送带上，由检查人员通过荧光屏检查。如发现异物，须由检查人员开包检查。

4. 旅客身体检查：旅客通过特设的探测门，进行身体检查。如探测门发出报警声，还需用探测器再查，或重新返回，将可能发出报警声的钥匙、打火机等金属物品掏出来，直到通过时不再发出报警声为止。[19]

（四）机场安检体验

同学们手持金属探测器，模拟机场工作人员，对登记人员进行检查。检查时要注意以下几点：

1. 双手掌心要切实接触旅客的身体和衣服，因为手掌心面积大且触觉较敏锐，有助于及时发现藏匿物品。

2. 不可只查上半身而不查下半身，特别要注意检查重点部位。

3. 对旅客从身上掏出的物品，应仔细检查，防止夹带危险物品。

4. 检查过程中要不间断地观察旅客的表情，防止发生意外。

5. 手工人身安检一般应由同性别的安检员实施，女性旅客必须由女性安检员进行手工人身检查，男性旅客可以由女性安检员实施手工人身检查。[20]

图3-16 航空特情知识课堂

图3-17 机场安检体验

活动四：紧急特情安全自救常识

（一）航空安全带是为了在碰撞时对乘员进行约束以及避免碰撞时乘员与座椅或飞机等发生二次碰撞或避免碰撞时冲出座椅外导致死伤的安全装置。上飞机后，客舱乘务员会演示如何系好和解开安全带，应注意听和看。座椅背后的口袋里有安全须知卡，卡上有如何扣好安全带的说明。

当进入客舱，坐在旅客座椅上以后，用两手从两边拿起安全带，将没有金属扣件的一端顺沟槽和孔穿过金属扣件，一只手按住金属扣件，一只手拉住织带，直到拉紧为止，不要留下间隙，可以动动上身和臀部，使其紧靠椅背，拉好安全带，使其系紧。从感觉上来说，系上时既不可勒得太紧，也不宜太松。

要想解开安全带，需要将腹部微微收缩，用一只手拿住释放装置，另一只手推动释放扣即可。如果出现了卡住的情况也不要惊慌，可以呼叫乘务人员来解决。

（二）飞机上的氧气面罩是为旅客提供氧气的应急救生装置。飞机飞到一定高度后，若要在客舱内维持和地面差不多的气压，确保旅客在万米高空不会感到不适，就要通过人工方法进行加压。而加压时，客舱必须密封完好才能维持这一气压。如果客舱密封出现问题，压力就会释放，称为"客舱释压"，客舱内部变得气压不足，空气变得稀薄，氧气含量急剧减少，人不吸氧的话就会有危险，可能很快就失去意识，甚至造成不可逆的损伤。

因此在飞行中当座舱增压失效时，飞机应快速下降到安全高度，以保证旅客不会因缺氧感到身体不适。而在这一过程中，必须有一套氧气系统来确保机组成员和旅客的生命安全。基于此，在民航客机上，每位旅客的座位上方都会装有应急时使用的个人氧气面罩供旅客使用。

在飞机座舱发生减压的情况下，氧气面罩会自动从舱顶抛下来，即氧气面罩自动脱落在旅客上方。若氧气面罩没有自动脱落，应谨记，在旅客座椅上方，有氧气面罩应急手动释放字样，有"推"的标记。推开后，氧气面罩会自动下放到旅客面前。向下拉取氧气面罩后，一手把绳子固定在头顶，一手把氧气面罩套在口鼻处，然后别紧张，进行正常呼吸就行了。

（三）飞机上旅客救生衣分为婴儿救生衣、儿童救生衣和成人救生衣，一般存放在座椅或者是座椅扶手下方，低头伸手就可以摸到。

1. 旅客救生衣的使用方法：

（1）取出救生衣，撕开包装，经头部穿好。

（2）将带子扣好系紧。

（3）拉动红色充气手柄，救生衣自动充气。

（4）充气不足时，拉出人工充气管，用嘴向里充气。

（5）成人救生衣给未成年人穿戴时，将带子放在两腿之间，扣好系紧。

（6）婴儿救生衣穿戴时稍有不同，可从乘务员处得到帮助。[21]

2. 飞机上救生衣使用注意事项：

（1）如果是在水面上使用，旅客救生衣应该在离开飞机后、上船前充气，因为救生衣充气后会很臃肿，撤离时相互拥挤，容易堵塞过道、出口，影响撤离时间，并且充气后的救生衣易被尖锐物品划破，导致漏气，失去救生功能。如果飞机进水，救生衣会使得人漂在客舱内，甚至顶在机舱天花板上，难以逃离。

（2）除非迫不得已，尽量不要尝试穿救生衣游泳。海水水温低，身着薄衣的成人在低温的水中生存时间很短。

（3）不能自理及上肢不便的旅客，穿好救生衣后应立即充气。

（4）婴儿抱离座位时充气，儿童离开座位后充一半气（拉一个充气手柄），成人和婴儿的救生衣系在一起。

（5）救生衣应穿在所有衣服最外面。

（6）特别提示：①救生衣只有在紧急情况下才使用，正常情况下不要使用救生衣。②救生衣属于机上应急设备，乘机时不能带下飞机。[22]

3. 紧急情况下的注意事项：

（1）出现紧急情况，旅客应充分信任机上乘务员，并听从乘务员的安全指令从相应的逃生口撤离，紧急撤离时要保持冷静，保持客舱秩序。同时应谨记紧急撤离时不可携带任何行李。紧急撤离时间紧迫，如果此时还从行李箱内取行李会很耽误时间，且拎着行李逃生，行李会堵塞通道，减缓撤离速度，也易挤伤人。跳滑梯时，行李会划破滑梯，滑梯漏气，造成的伤害会更大。[23]197

（2）客舱如失火出现浓烟，产生的有毒气体威胁极大，旅客需谨记不要大声呼叫，不要打开通风口，这样会加大对烟雾的吸入。也不要惊慌失措全部涌向飞机的某一部分，这样会使得飞机重心失衡。逃生时要尽量放低身态，屏住呼吸，或用湿毛巾、衣物堵住口鼻，防止有毒气体的吸入，这一点和平时火灾中逃生类似。飞机着火严重可能发生爆炸，旅客在离开滑梯后要迅速远离飞机。[23]197-198

（3）采取正确的跳滑梯姿势。正常人从滑梯撤离，应双臂平举，轻握拳头，或双手交叉抱臂（也可双手抱头），从舱内跳出落在梯内时手臂的位置不变，双腿及后脚跟紧贴梯面，收腹弯腰直到滑到梯底，站立跑开。抱小孩的旅客要把孩子抱在怀中，坐着滑下飞机。儿童、老人和孕妇也应坐着滑下飞机，但在梯面的姿势与正常人相同。伤残旅客根据自身的情况坐滑或由援助者协助坐滑撤离。援助者包括乘坐飞机的机组人员、航空公司的雇员、军人、警察、消防人员、身强力壮的男性旅客。跳滑梯时必须听从乘务员的口令一个接一个有序往下跳，不可推挤。[23]198

（4）乘客需按客舱乘务员的示范做好防冲击姿势。成年人旅客应身体前倾，头贴双膝，双手紧抱双腿，两脚平放用力蹬地，系紧安全带；或两臂伸直交叉紧抓前面座椅靠背，头俯下，两脚用力蹬地。怀抱婴儿的旅客应将婴儿斜抱在怀里，婴儿头部不得与过道同侧面朝上，弯下腰、俯下身双脚用力蹬地；或一手抱紧婴儿，一手抓住前面的椅背，低下头，双脚用力蹬地。特殊旅客（肥胖、孕妇、高血压、高大者）应双手抓紧座椅扶手，或双手抱头，同时收紧下颚，两腿用力蹬地。对于双脚不能着地的儿童，可采取将双手压在双膝下，手心向上，弯下腰的方式。[23]198

（5）每个航班起飞前，乘务员都会播放安全须知录像，目的是让旅客学会正确使用机上应急设备和了解应急出口的位置及逃生方法，有助于旅客在紧急情况下正确、迅速地采取有效行动。旅客应仔细聆听，以备在发生意外时有效地安全处置。每个座椅的背后也放有安全须知手册，旅客也需仔细阅读。[23]198

活动五：制作放飞水火箭

亲手制作并放飞一只水火箭，初步了解火箭的基本结构、飞行距离等影响因素。水火箭是一个利用质量比和气压作用而设计的装置，其中蕴含的物理原理是学习力学的重要基础。水火箭又称气压式喷水火箭、水推进火箭，是利用废弃的饮料瓶制作而成的，包括动力舱、箭体、箭头、尾翼等部分。

（一）制作水火箭

准备材料：废弃饮料瓶、水、自行车气嘴、双面胶、卡纸、直尺、剪刀、橡胶塞。

制作方法：

1. 剪一块 20 厘米×30 厘米的卡纸，用卡纸包裹饮料瓶身。

2. 再裁剪一个锥形纸筒，粘贴到外面，模拟火箭的箭头。

3. 剪下一部分的卡纸，在一面粘上双面胶，并对折粘贴。

4. 用直尺沿着对折好的卡纸画两条平行线。

5. 沿线用剪刀剪去不要的部分，模拟火箭的机翼。用同样的方法再做两个机翼。

6. 把自行车气嘴塞到有孔橡胶塞里，模拟火箭发射器。

7. 把橡胶塞塞到饮料瓶口，简易的水火箭就做好了。

8. 发射前先往饮料瓶内注入四分之一的水。

（二）放飞水火箭

在室外空旷的地方放上支架台。同学们依次将饮料瓶倒扣在支架台上，用气筒夹住自行车气嘴，向饮料瓶内打气。等到气体充足时，水火箭就发射出去了。

图 3-18　放飞水火箭

▶感悟与评价

一、感悟

通过学习与实践，对航空飞行的初步知识有了一定的了解，并将在校园里学到的知识与航空知识融会贯通，同时为中国航空工业感到骄傲、自豪，心怀航空梦，努力学习、强身健体，长大后为航空事业贡献力量。

二、评价

根据自己的表现，在下面表格中相应的位置上画"☆"（很好：☆☆☆，好：☆☆，还需努力：☆），并邀请教师对研学表现及研学成果进行评价。

研 学 表 现			研 学 成 果	
认真聆听 遵从指挥	活动过程 积极参与	团队协作 默契高效	讲述值机流程 掌握值机相关知识	讲述飞机飞行技巧 掌握飞行技巧
教师评语				

知|识|延|伸

一、中转航班和经停航班的区别是什么？

中转航班部分情况下也被称作中转联程航班，指从始发地到目的地过程中，经过另一个或几个机场中转的航班，含有两个或以上不同的航班号。

乘客需要在中转机场下飞机，换乘另一个航班，中转的间隔时间通常在两小时以上。乘客可以在预订机票时知道中转的停留时长。

经停航班也被称为过站航班，指飞机中途需要降落到某个机场，停留一会儿，然后再飞往目的地，全程是同一个航班号，一般不需要乘客换飞机。经停航班一般不显示停留时间。

二、为什么飞机停稳后，还要等一会才能下飞机？

这是因为飞机停稳后还有几个重要步骤需要完成。首先，机务人员要把飞机固定好，以保证飞机不会在下客的过程中突然滑动。然后，廊桥开始与飞机机身对接，或等摆渡车开过来。最后，还要给飞机接通地面电源，保证照明和空调等系统正常工作。同时，几辆地面小车开来，快速卸货，保证大家下飞机后，尽快取到行李。一切准备就绪后，还要安排特殊旅客（比如身体不适的乘客或者有特殊要求的乘客）先下飞机。所以等飞机落地后，有充足的时间，安心整理好自己的随身物品，再下飞机。

三、机舱里我们呼吸的空气来自哪里？

在飞机飞行的过程中，爬升到万米高空之上，空气就会变得稀薄，温度更是达到零下几十摄氏度。而整个机舱处于密封状态，那么我们呼吸的空气到底来自哪里？

其实飞机上有一套设备，在飞行过程中，可以将外界低温低压的空气吸入后进行加压、增温、过滤，通过专用管道强行送入机舱。飞机的发动机在工作时，其高压压气机会将一部分高压气体送到气源总管，然后经过空调系统的调压和调温，最终输送到机舱内。此外，飞机的空气循环系统也经过严格的设计，以过滤掉空气中的有害微生物。

四、飞机上的小桌板放下来后为什么是斜的？

飞机巡航时的倾角不是零度。现代的飞机都装备了飞行管理系统，这个系统会计算出当天航程中适当的"经济速度"。为了达到飞行时的"经济速度"，客机即使在巡航状态时也会让机头稍稍抬起，保持一定的倾角。如果飞机以倾斜角度巡航飞行，而小桌板还是零度的话，放在桌子上的饮料就会洒出来。

为了防止饮料洒出来，小桌板一开始就被"动了手脚"。为了保持飞行过程中小桌板是平的，航空公司会事先把小桌板的前沿向下调低。所以小桌板相对座椅有微微的倾斜，在飞机飞行过程中能使食物放得更平稳。

五、飞机上的舷窗为什么一般都是圆形？

这并不是出于美观的考虑，要知道飞机上的每一个设计都与旅客的安全密切相关，这些圆形的舷窗亦是如此。

从飞机发明到之后的数年里舷窗都是正方形的，当时人们对于金属疲劳并没有多少认识。但接连发生的坠毁事故调查让航空界开始重视压力反复变化对飞机结构的影响，以及着手研究金属疲劳问题。

根据物理力学原理，压力容易堆积在尖锐的角上，也就是说方形舷窗的设计导致舱内大部分压力都集中于此，因此方形舷窗拐角处会出现金属疲劳导致的裂隙。

工程师们重新设计了舷窗形状，采用圆形或有很大圆角的设计，以减小压力，提高金属的疲劳强度。此后，圆形舷窗迅速取代方形舷窗成为民航领域的新标准。

参考文献

［1］习近平. 高举中国特色社会主义伟大旗帜 为全面建设社会主义现代化国家而团结奋斗——在中国共产党第二十次全国代表大会上的报告［EB/OL］.（2022-10-25）［2024-01-23］. https：//www. gov. cn/xinwen/2022-10/25/content_ 5721685. htm.

［2］哈尔滨工业大学. 学校简介［EB/OL］.（2023-12-18）［2024-01-23］. http：//www. hit. edu. cn/11538/list. htm.

［3］哈尔滨工业大学航天学院. 学院简介［EB/OL］.（2023-06-07）［2024-01-23］. http：//sa. hit. edu. cn/xygk/list. htm.

［4］李祺瑶. 王亚平太空回信北京四中学子：用智慧和汗水打造自己的梦想飞船［EB/OL］.（2022-04-07）［2024-01-23］. http：//www. xinhuanet. com/politics/2022-04/07/c_ 1128538357. htm.

［5］马杰. 建设航天强国［M］. 北京：中国青年出版社，2022：252.

［6］机器人技术与系统全国重点实验室. 概况［EB/OL］.［2024-01-23］. http：//robot. hit. edu. cn/276/list. htm.

［7］陈至立. 辞海［M］. 7版. 上海：上海辞书出版社，2020.

［8］ 李穆穆. 北极漫游记：北极科考基地大揭秘［M］. 北京：化学工业出版社，2020：3.

［9］ 杨雪，陈良. 飞机飞行原理［M］. 北京：航空工业出版社，2021.

［10］ 王永虎. 直升机飞行原理［M］. 成都：西南交通大学出版社，2017.

［11］ 崔钟雷. 中国少年儿童百科全书［M］. 哈尔滨：黑龙江美术出版社，2018：188.

［12］ 张子影. 大国之翼：试飞英雄李中华的故事［M］. 济南：明天出版社，2019：79.

［13］ 杨烜. 感知航空——用双手触摸航空梦想［M］. 北京：航空工业出版社，2019：87.

［14］ 科学百科：民航客机［EB/OL］.（2021-12-31）［2024-01-23］. https：//www. kepuchina. cn/article/articleinfo? business_ type = 100&ar_ id=332855.

［15］ 张文博，肖洪，李爽. 无人机测绘技术应用及成本研究［M］. 长春：吉林科学技术出版社，2021：42.

［16］ 中国民用航空局. 民用航空运输机长职责［EB/OL］.（2011-01-06）［2024-01-23］. https：//www. caac. gov. cn/XXGK/XXGK/ZFGW/201601/t20160122_ 27592. html.

［17］ 王玫. 民航法规与实务［M］. 北京：北京理工大学出版社，2022：86.

［18］ 全国导游资格考试统编教材专家编写组. 导游业务［M］. 7 版. 北京：中国旅游出版社，2022：290.

［19］ 李永. 民航乘务员基础教程［M］. 北京：中国民航出版社，2011：109.

［20］郑莉萍，赵雅. 民航地面服务与管理［M］. 北京：航空工业出版社，2019：133.

［21］杨长进，毕研博. 客舱服务［M］. 北京：航空工业出版社，2016：47-48.

［22］民航知识：飞机上救生衣使用时注意事项［EB/OL］. （2014-04-24）［2024-01-23］. http：//kongcheng. yuloo. com/min-hang/zhuanye/1404/1259134. shtml.

［23］陈晓林. 交通安全事故防范与应对［M］. 北京：中国环境出版社，2017.